I0867953

SESAME STREET

¿Cómo te sientes?

Cómo darles nombre a tus emociones con Sesame Street

Marie-Therese Miller

ediciones Lerner ◆ Mineápolis

¡Todos tenemos grandes sentimientos! Aprende a darles nombre a tus emociones con tus amigos de *Sesame Street*. Es importante que los niños aprendan a reconocer y comprender todas sus emociones, así pueden manejar sus sentimientos. Aprenderán la importancia de la respiración abdominal, la concentración y mucho más.

Saludos.

Los editores de Sesame Workshop

CONTENIDO

Todos tenemos grandes sentimientos

Todos nosotros tenemos grandes sentimientos. Estos sentimientos tienen nombres.

Aprendamos cómo son las emociones y cómo se sienten.

Darles nombre a tus emociones

Las personas sonríen cuando sienten felicidad. Incluso pueden reír.

Elmo se siente
feliz cuando baila
con Tango.

Decir adiós puede hacerte sentir tristeza. O puedes estar triste cuando un amigo no es amable.

Cuando me siento triste, tengo las comisuras de la boca hacia abajo. Algunas veces también lloro.

Una persona entusiasmada siente aún más felicidad. Es posible que aplauda o salte una y otra vez.

Yo sentir entusiasmo cuando se cocinan galletas en el horno.

Una persona desilusionada puede fruncir el ceño. Es posible que tenga la cabeza gacha y los hombros caídos.

Como llovió, no pude volar al patio de juegos. Me siento desilusionada.

Algunas veces, te preocupas por lo que puede suceder. Quizás te preocupas por cosas grandes o cosas pequeñas.

Cuando estoy preocupada, se me contraen los músculos y se me da vuelta el estómago.

Algo inesperado sucede.
Abres grandes los ojos y la boca.
Sientes sorpresa.

Mi mamá estaba sorprendida cuando le hice una tarjeta.

Discutes con un amigo o amiga. Sientes enojo. Tienes las mejillas calientes y rojas. Sube el volumen de tu voz.

Me sentí enojado
cuando Enrique perdió
mi clip para papel
favorito. Bajé las cejas
y fruncí los labios.

Algunas veces las personas sienten temor. Quizás tienen miedo a la oscuridad.

Cuando tengo miedo, me late rápido el corazón y me tiemblan los músculos.

Quizás sientas celos cuando otra persona gana la carrera.

Algunas veces tengo celos de mi hermanita bebé cuando Mamá Osa pasa mucho tiempo con ella.

Una persona puede sentirse frustrada.
Es posible que aún no pueda hacer algo,
pero puede seguir intentándolo.

Me siento frustrado cuando toco mal la batería.

Cuando sientes orgullo, estás erguida y con la cabeza en alto.

¡Me siento orgullosa de que aprendas sobre los grandes sentimientos!

Enfrentar tus sentimientos

Estas son algunas maneras de ayudarte a enfrentar tus grandes sentimientos.

Haz respiraciones abdominales profundas.

Cuenta hasta diez.

Nombra todo lo que tengas alrededor que sea verde.

Aléjate caminando durante un momento.

Encuentra algún lugar tranquilo para sentarte.

Baila o haz rebotar un balón.

Haz un dibujo o canta una canción.

Habla con un amigo o amiga.

Glosario con imágenes

fruncir el ceño: cuando se juntan las cejas y las comisuras de la boca se vuelven hacia abajo

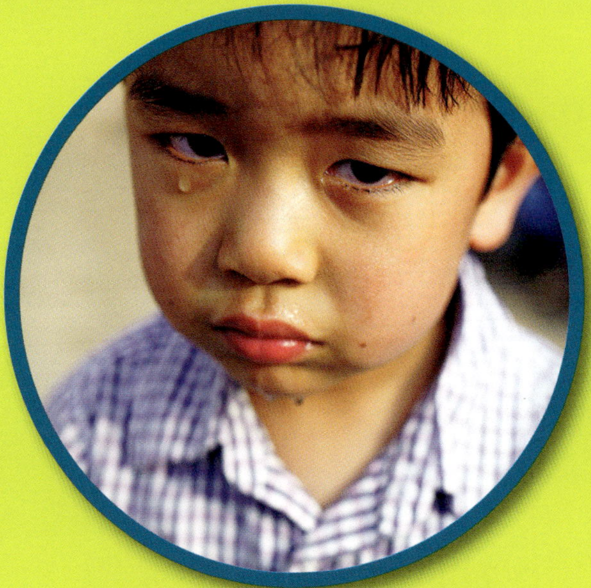

llorar: cuando te salen lágrimas de los ojos

reír: cuando una persona hace sonidos y sonrisas porque algo es divertido

sonreír: cuando la boca se vuelve hacia arriba en las comisuras para formar una cara feliz

Más información

Krekelberg, Alyssa. *Know Your Feelings: Recognizing Emotions.* Mankato, MN: Child's World, 2020.

Miller, Marie-Therese. *Aprecio con Beto y Enrique: Un libro sobre la empatía.* Mineápolis: ediciones Lerner, 2024.

Miller, Marie-Therese. *Feelings Like Mine.* Mineápolis: Lerner Publications, 2021.

Índice

Créditos por las fotografías

Créditos de las imágenes: pixelheadphoto digitalskillet/Shutterstock, p. 1 (abajo); Monkey Business Images/Shutterstock, pp. 6, 30 (izquierda abajo); Alinute Silzeviciute/Shutterstock, p. 8; Ariel Skelley/DigitalVision/Getty Images, p. 10; esthermm/Shutterstock, pp. 12, 30 (derecha arriba); SDI Productions/Getty Images, p. 14; Chaay_Tee/iStock/Getty Images, p. 16; Kris Ubach and Quim Roser/Getty Images, p. 18; Anatoliy Karlyuk/Shutterstock, p. 20; emholk/E+/Getty Images, p. 22; Juanmonino/Getty Images, p. 24; Klaus Vedfelt/DigitalVision/Getty Images, pp. 26, 30 (derecha abajo); Yuji Arikawa/Getty Images, p. 30 (izquierda arriba).

Portada: Gelpi/Shutterstock; Roman Samborskyi/Shutterstock.

Dedicado a John, Meghan, John Vincent, Erin, Elizabeth, Michelle, y Greyson, que provocan todos mis grandes sentimientos

Traducción al español: TM and © 2025 Sesame Workshop.
Título original: *How Are You Feeling?: Naming Your Emotions with Sesame Street* ®
Texto: TM and © 2023 Sesame Workshop.
La traducción al español fue realizada por Zab Translation.

Todos los derechos reservados. Protegido por las leyes internacionales de derecho de autor. Se prohíbe la reproducción, el almacenamiento en sistemas de recuperación de información y la transmisión de este libro, ya sea de manera total o parcial, por cualquier medio o procedimiento, ya sea electrónico, mecánico, de fotocopiado, de grabación o de otro tipo, sin la previa autorización por escrito de Lerner Publishing Group, Inc., exceptuando la inclusión de citas breves en una reseña con reconocimiento de la fuente.

ediciones Lerner
Una división de Lerner Publishing Group, Inc.
241 First Avenue North
Mineápolis, MN 55401, EE. UU.

Si desea averiguar acerca de niveles de lectura y para obtener más información, favor consultar este título en www.lernerbooks.com.

Fuente del texto del cuerpo principal: Tw Cen MT Std. Fuente proporcionada por Monotype Typography.

Library of Congress Cataloging-in-Publication Data

Names: Miller, Marie-Therese, author.
Title: ¿Cómo te sientes? : cómo darles nombre a tus emociones con Sesame Street / Marie-Therese Miller.
Other titles: How are you feeling? English
Description: Mineápolis : Lerner Publications, [2025] | Includes bibliographical references and index. | Audience: Ages 4–8 | Audience: Grades K–1 | Summary: “Everyone has big feelings. What situations might cause different feelings to happen? How can you recognize what others are feeling? Help show young readers how to identify and name their emotions alongside their friends from Sesame Street. Now in Spanish!”—Provided by publisher.
Identifiers: LCCN 2024012725 (print) | LCCN 2024012726 (ebook) | ISBN 9798765643822 (library binding) | ISBN 9798765661369 (paperback) | ISBN 9798765652022 (epub)
Subjects: LCSH: Emotions—Juvenile literature. | Sesame Street (Television program)
Classification: LCC BF723.E6 M55618 2025 (print) | LCC BF723.E6 (ebook) | DDC 152.4—dc23/eng/20240325

LC record available at https://lccn.loc.gov/2024012725
LC ebook record available at https://lccn.loc.gov/2024012726

Fabricado en los Estados Unidos de América
1-1010877-52416-4/4/2024